## Snavelvorm en voedingswijze (vervolg)

Een gekrom

Met een gekruiste snavel kunnen sparappelzaden gemakkelijk uit de sparappel worden gedraaid.
(Kruisbek, blz. 81)

Een haaksnavel is om grote insecten en kleine gewervelde dieren beter vast te kunnen pakken.
(Grauwe klauwier, blz. 69)

Korte, maar aan de basis zeer brede snavels zijn karakteristiek voor uitgesproken luchtjagers.
(Boerenzwaluw, blz. 63)

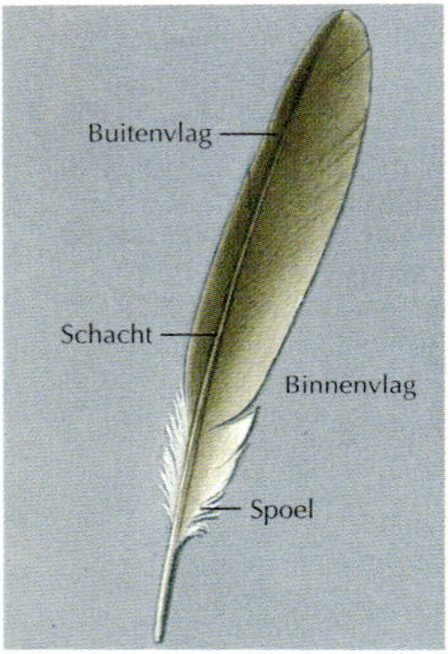

## Vogelveren

### Opbouw van een veer
Een typische veer bestaat uit een schacht, met aan beide kanten baarden. Bij de meeste typen veren zijn deze in elkaar gehaakt en vormen een platte vlag.

### Dons
Bestaat bijna alleen uit baarden. Deze vormen een isolerende laag om het vogellichaam, maar zijn weinig stabiel.

### Contourveren
Vormen een tweede laag over het direct tegen het lichaam aan liggende dons. Ze beschermen het lichaam tegen invloeden van buiten (bijv. natheid) en geven het een gestroomlijnde vorm.

### Slagpennen
Zijn lang en star. Zij vormen de vleugeloppervlakken. Vernauwingen en inkervingen aan de vlag dienen ervoor om de vliegeigenschappen te verbeteren.

### Staartpennen
Zijn lang en gewoonlijk buigzaam. Zij dienen om het evenwicht te bewaren en als stuur tijdens het vliegen. Boomkruipers (blz. 46/47) hebben starre staartpennen, die ze als klimhulp gebruiken.

## Verenkleed van een zangvogel

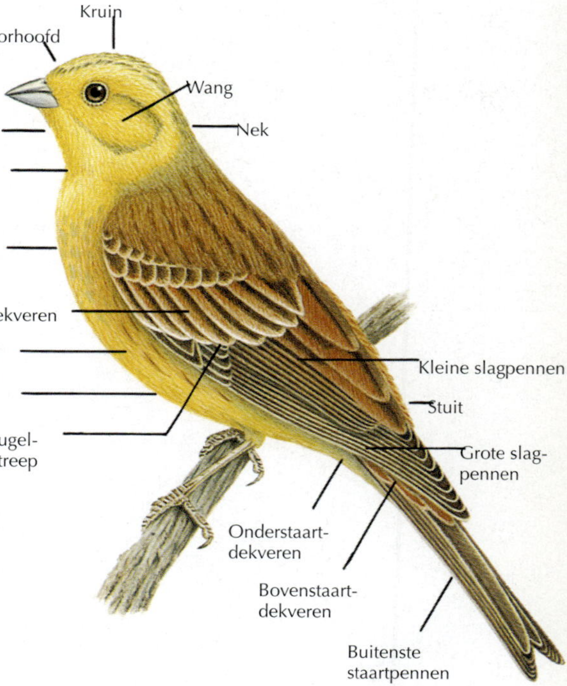

Rudolf Specht

# Zangvogels

TIRION NATUUR

# Inleiding

Als u dit boek even aan de kant legt en een ogenblik uit het raam kijkt, zult u misschien al gauw de een of andere zangvogel horen of zien. De merel, die fluitend haar lied voordraagt hoort daar evenzeer bij als de huismus of de zwarte kraai op de akker. Wat deze zo verschillend uitziende vogels verbindt is niet hun zangvermogen op zich (het geluid van een kraai zal niemand als gezang betitelen), maar het zijn de overeenkomsten in details van de lichaamsbouw, vooral van het geluid producerende stemapparaat, en het gedrag, dat hen van alle andere vogels onderscheidt.
Wereldwijd zijn er circa 4100 soorten zangvogels: dat is bijna de helft van de circa 8600 bekende vogelsoorten. Samen met vogelfamilies als de Amerikaanse vliegenvanger en miervogels of de Afrikaans-Aziatische pitta's vormen de vogels de grote orde der zangvogels (passeriformes), waartoe meer dan 5000 soorten behoren: dat zijn meer soorten dan de overige 27 ordes van de vogels samen!
Zangvogels hebben zeer verschillende woonplaatsen en komen bijna overal voor. Veel van de bij ons inheemse soorten zijn relatief gemakkelijk te observeren, tijdens een wandeling in het bos of het stadpark, of bij een voederplank in de winter. Het observeren van vogels kan veel meer voldoening geven als men ook weet naar welke soort men kijkt! In de meeste gevallen is het niet zo moeilijk te bepalen welke soort het is, maar in het begin is enige oefening wel nodig. Daarbij kan dit boek u helpen.
De vogelsoorten in dit boek zijn ingedeeld naar grootte, in drie categorieën (grootte tot huismus; tussen mus en merel; groter dan merel), omdat een dergelijke indeling voor een beginner gemakkelijker is dan een indeling vanuit systematisch gezichtspunt. Deze indeling is slechts bedoeld om aanknopingspunten te geven bij het bepalen van de soort: afhankelijk van de omstandigheden bij het observeren (afstand, licht) kan een en dezelfde vogel verschillend van grootte lijken. Bovendien berust de indeling op lichaamslengte van de betreffende soorten, die gewoonlijk wordt gemeten van de snavel tot het uiteinde van de staart. Daardoor vindt u vogels met een relatief lange staart als de boerenzwaluw of de witte kwikstaart in de middelste categorie, hoewel hun romplengte en hun gewicht hen eerder in de groep van de kleine vogels zou plaatsen. De tekst bestaat steeds uit vier onderdelen.

Onder 'Typisch' worden enkele karakteristieken van de beschreven soort uitgelicht, die de waarnemer gewoonlijk het eerst opvallen. Dit kunnen details in de kleuren zijn, maar ook verblijfplaats, manier van bewegen, uiterlijk, stem, gedrag: al deze factoren spelen bij het nauwkeurig determineren een belangrijke rol. Onder 'Kenmerken' wordt dan nog een keer op bijzondere kenmerken ingegaan, zonder daarbij hetgeen al duidelijk op de foto te zien is, te herhalen. Aangezien alle foto's alleen de (bijzonder gemakkelijk te identificeren) mannetjes in broedkleed laten zien, worden onder 'Kenmerken' ook de verenkleden van vrouwtjes en jongen kort beschreven, voor zover ze afwijken van het verenkleed van de mannetjes buiten de broedtijd. Verder wordt hier, indien nodig, een korte beschrijving van de zang van de betreffende soort gegeven. Onder 'Voorkomen' vindt u de beschrijving van de leefomgeving. 'Wetenswaardigheden' bevat verschillende soorten informatie: zowel de biologie en de geschiedenis van de soort krijgen aandacht als haar verhouding tot de mens en de eventuele bedreigingen, waaraan ze in deze tijd bloot staat. Dit laatste onderdeel is bedoeld om de individuele soorten dichter bij de waarnemer te brengen en om geheugensteuntjes te bieden voor het determineren.

Van de 116 zangvogelsoorten die men in Europa regelmatig kan waarnemen, wordt er in dit boek een selectie van de 88 meest voorkomende soorten gepresenteerd. Wegens deze onvolledigheid en de beperkte lengte van de tekst kan het geen nauwkeurig determinatieboek vervangen. Het is echter bedoeld als eerste inleiding voor de beginner: onder het kopje 'Wetenswaardigheden' krijgt hij veel informatie die nauwelijks in een van de gangbare determinatieboeken te vinden is. Voor veel zangvogels worden de levensomstandigheden in het dicht bebouwde Midden-Europa steeds minder gunstig. Zelfs soorten die vroeger veel voorkwamen zoals de geelgors of de ringmus nemen lokaal sterk in aantal af. Om bescherming van de soorten en vooral van hun leefomgeving mogelijk te maken, moeten de mensen eerst deze soorten en hun behoeften leren kennen. Want alleen voor dat wat men kent, kan men zich ook verantwoordelijk voelen.

# Oeverzwaluw

*Riparia riparia*

**Typisch:** enige zwaluw met bruine borstband. Broedt in kolonies.
**Kenmerken:** 12 cm. Bovenzijde bruin, onderzijde wit. Kleinste zwaluw van Europa. Staart enigszins gevorkt.
**Voorkomen:** steile oeverwanden van rivieren en steile zandkusten; zand- en kleiafgravingen. Apr. – okt.
**Wetenswaardigheden:** door het verdwijnen van steile rivieroevers heeft de oeverzwaluw veel van zijn oorspronkelijke broedgebied verloren. Zijn verspreiding hangt tegenwoordig af van het vinden van broedmogelijkheden in zand- en leemgroeven, waar de vogels nestgangen in steile wanden graven. Op deze plaatsen wordt hun bestaan bedreigd door de afgravingen en het later hercultiveren ervan.

# Huiszwaluw

*Delichon urbica*

**Typisch:** enige zwaluw met stralend witte stuit.
**Kenmerken:** 13 cm. Gevorkte taart zonder lange buitenste staartpennen; snorrende roep; minder wendbaar dan boerenzwaluw.
**Voorkomen:** broedt onder dakranden van gebouwen in dorpen; zelden aan rotswanden. Apr. – okt.
**Wetenswaardigheden:** oorspronkelijk rotsbewoner, komt in gebergte op grotere hoogte voor dan de boerenzwaluw. Jaagt vaak samen met de boerenzwaluw, maar op grotere hoogte. Heeft incidenteel tijdens de overwintering in Zuid- en Zuidwest-Afrika gebroed. Bouwt net als boerenzwaluw een nest van leem. Jonge huiszwaluwen nestelen meestal voor hun eerste broedtijd in de buurt van hun geboorteplaats.

# Boompieper

*Anthus trivialis*

**Typisch:** opvallende zang, tijdens zangvlucht en vanuit boomtoppen.
**Kenmerken:** 15 cm. Lijkt zeer veel op graspieper. Borst meer gelig bruin. Zingt luid, eindstrofe bestaat uit 'tsiea tsiea tsiea'.
**Voorkomen:** open land met enkele bomen, bosranden en open plekken met hier en daar een boom als zangpost. Apr. – sept.

**Wetenswaardigheden:** een van de vogels die profiteert van stormschade of aantasting van bomen door ongedierte; de ontstane open plekken bevallen hem. Anderzijds wordt hij hier en daar door herbebossing van heidegebied bedreigd. Zijn zang is complex, na een intro volgt een combinatie van tot wel 20 verschillende elementen.

# Graspieper

*Anthus pratensis*

**Typisch:** meestal op de grond; zang: zwak 'iest iest'.
**Kenmerken:** 14,5 cm. Verenkleed lijkt zeer veel op dat van boompieper; grijzer, fijnere strepen op borst. Zingt met hoge tonen, eentonig.
**Voorkomen:** vochtige weiden, heide, veengebieden, moerassen, bergweiden. Jan. – dec.
**Wetenswaardigheden:** typische vogel voor extensief gebruikt grasland. Bouwt nest op de grond en verstopt het, bijvoorbeeld in een graspol. Door intensiever gebruik van grasland (vaker maaien) en de herbebossing van heidegebied en het omschakelen van grasland naar bouwland wordt zijn bestaan in cultuurlandschap op de lange termijn bedreigd. Vertoont grote, natuurlijke schommelingen in populatie.

# Heggenmus

*Prunella modularis*

**Typisch:** onopvallend, eerder te horen dan te zien. Vlak bij de grond in ondergroei.
**Kenmerken:** 14,5 cm. Lijkt op huismus, zonder grote contrasten. Dunne snavel. Zang snel en tsjilpend.
**Voorkomen:** naald- en gemengde bossen met veel ondergroei en kleine open ruimtes; parken; van laagland tot aan de boomgrens. Jan. – dec.

**Wetenswaardigheden:** vanaf midden vorige eeuw toegenomen en heeft zich in Scandinavië pas vanaf het einde van de 19e eeuw uitgebreid. Heeft zich in deze eeuw in grote gebieden aan het stadsleven aangepast. Zeer complexe sociale structuur: naast echtparen komen ook trio's van 2 vrouwtjes en 1 mannetje en omgekeerd voor.

# Sprinkhaanrietzanger

*Locustella naevia*

**Typisch:** eerder te horen dan te zien; typisch gezang. Loopt als een muis over de grond.
**Kenmerken:** 13 cm. Onopvallend. Bovenzijde schubachtige veertjes. Zang: lang aangehouden monotoon zoemen; klinkt als het 'gesnor' van een sprinkhaan.
**Voorkomen:** drassige weiden en moerassen met struiken of riet; ook drogere plaatsen. Apr. – sept.
**Wetenswaardigheden:** is evenals alle andere rietzangers zelfs van dichtbij moeilijk te zien; verstopt zich. Zingt ook 's nachts. De coupletten kunnen meerdere minuten duren, er is zelfs een keer 110 minuten gemeten! Verandert het volume van zijn lied door met zijn kop te draaien.

# Kleine karekiet

*Acrocephalus scirpaceus*

**Typisch:** schuw; in rietgebieden. Schor gezang.
**Kenmerken:** 13 cm. Eentonig gekleurd. Slechts door gezang te onderscheiden van bosrietzanger: schor en krassend, motieven meestal driemaal herhaald.
**Voorkomen:** rietgebieden en oevervegetatie. Apr. – sept.
**Wetenswaardigheden:** karekieten zijn gespecialiseerd in het beklimmen van loodrechte oppervlakten (bijv. rietstengels) en hebben om die reden sterke pootjes waarmee ze zich vast kunnen klemmen. De kleine karekiet is de meest voorkomende inheemse karekietsoort. Hij leeft verscholen en deelt zijn territorium hier en daar met de rietzanger en de grote karekiet, maar kan als enige ook kleinere rietgebieden bewonen. Is als alle karekieten/rietzangers een langeafstandsvlieger.

# Bosrietzanger

*Acrocephalus palustris*

**Typisch:** schuw en moeilijk te zien, eerder te herkennen aan gezang. Zit vaak op halmen.
**Kenmerken:** 13 cm. In de vrije natuur alleen door gezang te onderscheiden van de kleine karekiet: melodieus en gevarieerd, met vele imitaties.
**Voorkomen:** struikgewas in de buurt van water, akkers met hoge begroeiing, zelfs graanvelden. Mei – sept.
**Wetenswaardigheden:** lijkt zeer veel op kleine karekiet. Een van de beste spotvogels (imitators) onder de inheemse vogels. Sommige kunnen de zang van meer dan 80 andere zangvogelsoorten bedrieglijk echt (voor het menselijk oor) nadoen, onder andere veel van de Afrikaanse soorten op de overwinteringsplaats.

# Rietzanger

*Acrocephalus schoenobaenus*

**Typisch:** wenkbrauwstreep; zingt vaak tijdens vlucht.
**Kenmerken:** 13 cm. Ziet er door strepen en wenkbrauwstreep minder eentonig uit dan andere rietzangers. Zang vanaf zangpost of in zangvlucht, met meer gefluit en meer imitaties dan de kleine karekiet.
**Voorkomen:** opgedroogde delen van watergebied met rietgras, riet en begroeide weiden. Soms ook in graanvelden. Apr. – okt.
**Wetenswaardigheden:** minder gespecialiseerd in riet dan de kleine en de grote karekiet. Broedt in Duitsland slechts op enkele plaatsen en wordt beschouwd als bedreigde diersoort. Legt van alle rietzangers samen met de grote karekiet de grootste afstanden af tijdens de trek en komt daarbij tot in Zuid-Afrika.

# Spotvogel

*Hippolais icterina*

**Typisch:** meestal 'hoekig' kopprofiel door de opgezette kruinveren; afwisselend gezang.
**Kenmerken:** 13,5 cm. Lijkt qua vorm op de rietzangers en karekieten. Lichte vlek op vleugel. Aanhoudende zang, schor, met fluiten en veel imitaties.
**Voorkomen:** loofbossen met veel struikgewas en in de nabijheid van water en parken. Apr. – sept.

**Wetenswaardigheden:** net als de bosrietzanger imiteert ook de spotvogel het gezang van andere vogelsoorten. De biologische zin van dit imiteren is nog niet bekend. Het verspreidingsgebied raakt in West-Frankrijk en Zuid-Zwitserland aan dat van de verwante Orpheusspotvogel, die zijn gebied momenteel geleidelijk naar het noorden uitbreidt.

# Zwartkop

*Sylvia atricapilla*

**Typisch:** glanzend zwarte kruin. Vaak verscholen, fraaie zang.
**Kenmerken:** 14 cm. Mannetjes hebben een zwarte kruin, vrouwtjes en jongen een roodbruine. Tjilpend gezang met luide op en neer gaande, fluitende eindstrofe (overslaand); ook met imitaties.
**Voorkomen:** loofbossen, lichte naaldbossen, parken en tuinen. Maart – nov.

**Wetenswaardigheden:** meest voorkomende onder de inheemse grasmussen. Net als de andere grasmussen het eerst te ontdekken aan zijn luide gezang. De naam grasmus is misschien afkomstig van het Duitse Grasmücke, wat weer afkomstig is van 'grau' en 'smücken", hetgeen de levenswijze van de grasmus als 'broeder in struikgewas' beschrijft.

# Tuinfluiter

*Sylvia borin*

**Typisch:** onopvallend en verscholen. Welluidend gezang.
**Kenmerken:** 14 cm. Verenkleed zonder bijzondere kenmerken. Het beste te herkennen aan het gezang, dat lijkt op dat van de zwartkop, maar dieper en krachtiger, zonder fluitende eindstrofe.
**Voorkomen:** loofbossen en parken met dichte bodemvegetatie. Ook in struiken aan waterkant. Apr. – okt.

**Wetenswaardigheden:** verschuilt zich meer dan de zwartkop; houdt zich in dichter struikgewas op.
De naam is slecht gekozen: deze soort is minder vaak in tuinen aan te treffen dan de zwartkop. Bouwt net als andere grasmussen een zeer los nest. Trekt van alle grasmussen het verst weg om te overwinteren (tot Zuid-Afrika).

# Braamsluiper

*Sylvia curruca*

**Typisch:** Grijze kop en rug. Ratelend geluid.
**Kenmerken:** 13,5 cm. Lijkt op grasmus, maar sterker contrast tussen grijze bovenkant en lichte onderkant. Geen roest-bruin op vleugels. Ratelend geluid op grote afstand hoorbaar.
**Voorkomen:** in heggen, land met struikgewas, parken en tuinen, in de bergen tot aan de boomgrens. Apr. – okt.

**Wetenswaardigheden:** kleinste inheemse grasmus. Komt vaker voor in parken en tuinen dan de grasmus. Is evenals de sperwer-grasmus een oosterse soort; de westgrens van zijn verspreidingsgebied ligt in Midden-Frankrijk. Trekt evenals alle andere inheemse grasmussen lange afstanden, overwintert in Afrika.

# Grasmus

*Sylvia communis*

**Typisch:** levendig, moeilijk waar te nemen. Schor gezang. Roestbruin op de vleugels.
**Kenmerken:** 14 cm. Witte buitenste staartveren. Mannetje met grijze, vrouwtje met bruinachtige kop. Zang kort en luid, 'krassende' strofen, vaak tijdens korte zangvlucht.
**Voorkomen:** doornstruiken, heggen en doornachtig struikgewas (bijv. bramen), kreupelhout. Apr. – sept.

**Wetenswaardigheden:** vroeger een van de meest voorkomende vogels in het Midden-Europese agrarische landschap. Is door het verwijderen van heggen en kleine bosjes achteruitgegaan, in sommige gebieden zeer sterk. Ook grote verliezen op de trek naar Afrika kunnen een rol spelen (uitbreiding van de Sahara, daardoor grotere afstand zonder water).

# Sperwergrasmus

*Sylvia nisoria*

**Typisch:** dwarsbandjes aan onderzijde. Gele ogen bij volwassen dieren. Vaak schuw en moeilijk waar te nemen.
**Kenmerken:** 15 cm. Bandjes aan onderzijde alleen bij mannetjes goed te zien, bij vrouwtjes en jongen bleker. Zang lijkt op die van de tuinfluiter, ook tijdens zangvlucht.
**Voorkomen:** bosranden, heide, heggen met doornstruiken, bijvoorbeeld braamstruiken. In Duitsland slechts ten oosten van Nedersaksen en Schleswig-Holstein. Apr. – sept. In ons land een doortrekker in kleinen getale.
**Wetenswaardigheden:** groot verspreidingsgebied tot aan Midden-Azië; westgrens in Nedersaksen en Zwitserland. Deelt territorium vooral met de grauwe klauwier. In sommige gebieden bedreigd.

# Fluiter

*Phylloscopus sibilatrix*

**Typisch:** meestal in bladerdak van bomen. Snorrend gezang, vaak in horizontale zangvlucht. Wenkbrauwstreep.
**Kenmerken:** 13 cm. Grootste loofzanger van Midden-Europa. Zang begint langzaam, wordt steeds sneller en mondt uit in hoog gezoem.
**Voorkomen:** loof- en gemengd bos zonder dichte ondergroei. Apr. – sept.
**Wetenswaardigheden:** de fluiter is moeilijk te observeren omdat hij zich meestal in begroeide boomtoppen ophoudt. Bouwt evenals de fitis en de tjiftjaf een bolvormig nest dicht bij of op de grond. In de Alpen en enkele middelgebergten leeft een verwante soort, de bergfluiter.

# Fitis

*Phylloscopus trochilus*

**Typisch:** welluidend gezang. **Kenmerken:** 11 cm. Gemakkelijk aan te zien voor tjiftjaf. Pootjes meestal lichtbruin (niet altijd!). Zang: korte, steeds zachter wordende klanken ('waterval'), doet enigszins denken aan vink.
**Voorkomen:** bossen met veel struikgewas, loofbossen in de buurt van water, weidevegetatie aan water, tuinen, parken. Apr. – okt.
**Wetenswaardigheden:** ondanks hun bijna identieke uiterlijk zijn de fitis en de tjiftjaf goed te onderscheiden aan hun zeer verschillende zang. Sporadisch is er een fitis die zowel zijn eigen gezang als dat van de tjiftjaf voordraagt. Hun voedsel pikken ze van loof en takken, soms in een korte vlucht.

# Tjiftjaf

*Phylloscopus collybita*

**Typisch:** eentonig gezang klinkend als 'tjif-tjaf' (naam!).
**Kenmerken:** 11 cm. In tegenstelling tot de fitis altijd donkere poten.
**Voorkomen:** loof- en gemengde bossen, tuinen en parken met veel struiken. In gebergte tot op grotere hoogte dan fitis. Maart – nov.
**Wetenswaardigheden:** fitis en tjiftjaf zijn tweelingsoorten, die van een gemeenschappelijke voorouder afstammen. Hun verspreidingsgebied is tijdens de ijstijden in twee gebieden opgesplitst. Aan het einde van de ijstijden hadden zich in de verschillende gebieden de nu gescheiden soorten ontwikkeld. Vermenging vindt niet meer plaats aangezien de vrouwtjes alleen nog paren met mannetjes die dezelfde zang hebben.

# Vuurgoudhaantje

*Regulus ignicapillus*

**Typisch:** zeer klein. Wenkbrauwstreep.
**Kenmerken:** 9 cm. Kruin bij mannetje oranjerood, bij vrouwtje geel (meestal niet te onderscheiden). Roep zeer hoog, zang op zelfde toonhoogte.
**Voorkomen:** naald-, gemengd en (zelden) loofbos. Maart – okt.
**Wetenswaardigheden:** vuurgoudhaantjes zijn de kleinste zangvogels ter wereld. Van de andere vogels kunnen alleen kolibries kleiner zijn. Goudhaantjes bouwen hun nest aan takken van naaldbomen. In de nesten wordt spinzijde, van spinnen- en rupsenkokons, en zo'n 3000 kleine veren verwerkt, waardoor ze zeer duurzaam zijn en goed geïsoleerd. Het vuurgoudhaantje breidt zich momenteel langzaam uit (bijv. naar Groot-Brittannië).

# Goudhaantje

*Regulus regulus*

**Typisch:** zeer klein. Ogen lijken groot door lichte omranding.
**Kenmerken:** 9 cm. Kruin bij mannetje oranje, bij vrouwtje geel (meestal niet te onderscheiden!). Roep en zang hoog, toonhoogte gaat op en neer.
**Voorkomen:** naald- en gemengd bos. Meer gebonden aan naaldbossen (sparren) dan vuurgoudhaantje. Jan. – dec.

**Wetenswaardigheden:** overwinterende goudhaantjes brengen koude nachten vaak met meerdere door op een beschutte plaats, soms zelfs in kleine nissen in de sneeuw. Bij strenge vorst verliezen ze hun angst voor de mens. Ze moeten elke dag minstens hun eigen gewicht aan voedsel eten om hun lichaam op temperatuur te houden.

# Bonte vliegenvanger

*Ficedula hypoleuca*

**Typisch:** vleugelspiegels wit. Jaagt meestal vanaf uitkijkpost. Trekt vaak met vleugels.
**Kenmerken:** 13 cm. Mannetjes aan bovenzijde bruingrijs met wit voorhoofd. Vrouwtjes bruin. Toonhoogte van zang gaat op en neer.
**Voorkomen:** loof- en naaldbossen, parken en tuinen, waar oude bomen met nestholtes zijn. Apr. – sept.

**Wetenswaardigheden:** de bonte en andere vliegenvangers vangen hun buit in de lucht door snelle, korte jachtvluchten vanuit een uitkijkpost. De bonte vliegenvanger jaagt ook veel op de grond. Op veel plaatsen schijnt hij weinig voor te komen wegens gebrek aan nestholtes. Nestkastjes accepteert hij ook graag.

# Withalsvliegenvanger

*Ficedula albicollis*

**Typisch:** meestal in boomkruinen. Mannetjes in broedkleed met halsband.
**Kenmerken:** 13 cm. Mannetjes in broedkleed zwart-wit, in winterkleed bruin, stuit wit. Vrouwtjes lijken heel veel op bonte vliegenvanger. Zang hoger dan die van bonte vliegenvanger.
**Voorkomen:** loofbossen, parken en tuinen met nestholtes en -kastjes. Dwaalgast in Nederland. Apr. – sept.
**Wetenswaardigheden:** zeer verwant aan bonte vliegenvanger. Slechts mannetjes in broedkleed zijn duidelijk te onderscheiden. Beide soorten broeden meestal in gescheiden gebieden, desondanks komen er in Midden-Europa geregeld gemengde paren voor, die zelfs met succes broeden. Houdt zich meestal op in boomkruinen.

# Grauwe vliegenvanger

*Musicapa striata*

**Typisch:** jaagt in de lucht op vliegende insecten vanaf uitkijkpost. Trekt tijdens zitten met de vleugels.
**Kenmerken:** 14 cm. Grijsbruin, borst gestreept, onopvallende zang.
**Voorkomen:** loof- en gemengde bossen, parken en tuinen. Broedt ook aan gebouwen. Apr. – sept.
**Wetenswaardigheden:** In tegenstelling tot de bonte en de withalsvliegenvanger hebben bij de grauwe vliegenvanger mannetjes en vrouwtjes dezelfde kleur. Zijn gebied reikt veel verder naar het oosten dan dat van beide andere (tot Centraal-Azië en Siberië). Zit meestal op een onbeschutte plaats, maar gedraagt zich onopvallend en wordt daardoor vaak niet opgemerkt. Zijn zang is een van de eenvoudigste, onopvallendste onder de zangvogels.

# Tapuit

*Oenanthe oenanthe*

**Typisch:** houdt zich op de grond op. Wipt met staart. Tijdens vlucht staart en stuit stralend wit met zwarte T-vormige tekening.
**Kenmerken:** 15 cm. Mannetje in broedkleed met zwarte zijden aan de kop. Vrouwtjes en jongen zijn veel valer dan mannetjes in winterkleed.
**Voorkomen:** vooral open steenachtig landschap, braakliggend terrein, vuilnisbelten, duinen en heide. Rotsige gedeelten in hooggebergte. Maart – okt.
**Wetenswaardigheden:** wijdverspreid (echter zeldzaam in Midden-Europa) in Europa, Noord- en Midden-Azië. Na de laatste ijstijd vestigde hij zich in Alaska, Groenland en Noordoost-Canada. De broedvogels van deze gebieden overwinteren echter, net als de 'Europeanen', na een verre reis in equatoriaal Afrika.

# Zwarte roodstaart

*Phoenicurus ochruros*

**Typisch:** zit meestal op gebouwen. Buigt en trilt met zijn staart, die roestrood is. Schor gezang.
**Kenmerken:** 14 cm. Mannetje zwart, vrouwtje en jongen grijsbruin. Zang kort, twee strofes, tweede strofe klinkt gesmoord. Zingt ook 's nachts.
**Voorkomen:** broedt in steden en dorpen in gebouwen, in middel- en hooggebergte in rotsige gebieden, en in steengroeven. Maart – okt.
**Wetenswaardigheden:** oorspronkelijk een rotsbewoner in de bergen. Heeft zich vooral sinds het midden van de vorige eeuw naar het noorden uitgebreid en is momenteel een van de meest voorkomende broedvogels in Duitsland, in Nederland broedt hij zelden. Tijdens de broedtijd gemakkelijk te ontdekken door gezang vanuit gebouwen.

# Gekraagde roodstaart

*Phoenicurus phoenicurus*

**Typisch:** rode staart. Zit graag op onbeschutte uitkijkposten, buigt en trilt met de staart.
**Kenmerken:** 14 cm. Mannetjes veel bonter dan de zwarte roodstaart, vrouwtjes bruiner, lijken op die van de zwarte roodstaart. Zang welluidender dan die van de zwarte roodstaart, ook met imitaties.
**Voorkomen:** loof- en gemengd bos, tuinen en parken met nestholtes, ook in grote steden. Apr. – okt.
**Wetenswaardigheden:** heel andere omgeving dan de zwarte roodstaart. Broedt in nissen en holen, ook in Nederland. Langeafstandstrekvogel, overwintert in Afrika ten zuiden van de Sahara, in tegenstelling tot de zwarte roodstaart die naar het gebied ten westen van de Middellandse Zee trekt.

# Paapje

*Saxicola rubetra*

**Typisch:** korte staart, zit graag op onbeschutte, lage uitkijkposten. Lichte wenkbrauwstreep. Trekt met vleugels en staart.
**Kenmerken:** 13 cm. Vrouwtjes (rechts) en jongen evenals mannetjes in gewoon verenkleed minder contrastrijk dan mannetjes in broedkleed. Korte zang met rauwe strofen.
**Voorkomen:** extensief beheerd open landschap. Natte weiden, stoppelland en braakliggend land. Ook op hooggelegen bergweiden. Apr. – sept.
**Wetenswaardigheden:** vroeger zeer veel voorkomend en wijdverspreid. Is echter sterk achteruit gegaan en geldt als ernstig bedreigd. Voornaamste reden zijn de veranderingen in de landbouw, bijv. het omschakelen van weiland op akkerland.

# Roodborsttapuit

*Saxicola torquata*

**Typisch:** mannetje heeft in broedtijd karakteristieke kleuren. Zit net als paapje op lage uitkijkposten. Trekt met vleugels en staart.
**Kenmerken:** 13 cm. Vrouwtjes en jongen matter van kleur dan mannetje in winterkleed. Zang: kort en rauw.
**Voorkomen:** braakliggend land, extensief gebruikte weiden, veengebieden. Over het algemeen in drogere gebieden dan het paapje.
**Wetenswaardigheden:** zijn verspreidingsgebied is veel groter dan dat van het paapje en strekt zich uit tot Japan. In Midden-Europa wordt zijn bestaan bedreigd door de intensivering van de landbouw. Terwijl het paapje ten zuiden van de Sahara overwintert, trekt de roodborsttapuit niet verder dan het Middellandse-Zeegebied.

# Roodborst

*Erithacus rubecula*

**Typisch:** rode voorkant onmiskenbaar. Weinig schuw. Zit vaak op de grond. Knikt en buigt voortdurend, wipt met zijn staart, trekt met de vleugels.
**Kenmerken:** 14 cm. Ronde verschijning, grote ogen. Jongen zijn bruin, gevlekt, zonder rode borst. Alarmroep: opeenvolgend tikkend geluid. Zang: hoog en parelend.

**Voorkomen:** in bossen, parken en tuinen met dicht kreupelhout. Jan. – dec.
**Wetenswaardigheden:** zeer veelzijdige voedselkeuze: kan zelfs voedsel uit het water opnemen. De rode borst bij de mannetjes is om rivalen te imponeren. Kan op onvermoede plaatsen broeden, zoals een (rijdende) treinwagon of zelfs in een mensenschedel.

# Blauwborst

*Luscinia svecica*

**Typisch:** heeft in alle jaargetijden een roestrode staartbasis. Wipt vaak met staart.
**Kenmerken:** 14 cm. Mannetjes in broedkleed met blauwe keel. In winterkleed witachtige keel, lijken dan op vrouwtjes. Jongen zijn gevlekt. Zang afwisselend zuivere en rauwe klanken; bevat imitaties.
**Voorkomen:** struikgewas en kreupelhout aan waterkant, in veengebieden en moerassige streken. Maart – okt.
**Wetenswaardigheden:** er zijn twee ondersoorten: met witte ster (witte vlek op blauwe keel) in Midden-, West- en Zuidwest-Europa en die met rode ster (rode keelvlek) in Scandinavië en (zeer zelden) in de Alpen. In Midden-Europa door gebiedsexploitatie met uitsterven bedreigd.

# Staartmees

*Aegithalos caudatus*

**Typisch:** onmiskenbaar door rond lichaam met lange staart. Klautert levendig in takken rond. Leeft in troepen.
**Kenmerken:** 14 cm. Vogels in Midden-Europa met zwarte wenkbrauwstreep, in noorden en oosten van Europa met volledig witte kop. Krassende roep.
**Voorkomen:** bossen, parken en tuinen met veel struiken. Jan. – dec.

**Wetenswaardigheden:** staartmezen zijn gespecialiseerd om op acrobatische wijze hun voedsel aan de uiteinden van de dunste takjes te zoeken. Daarbij gebruiken ze hun lange staart als balanceerstok. Het nest is een zeer fijn en dicht gebouwde bolvorm. Net als bij de beide goudhaantjes wordt het met meer dan 2000 veertjes bekleed.

# Buidelmees

*Remiz pendulinus*

**Typisch:** kastanjebruine rug, 'boevenmasker'. Klautert heel handig in takken rond.
**Kenmerken:** 11 cm. Vrouwtjes matter, jongen zonder gezichtsmasker. Roep: hoog 'tsieh'.
**Voorkomen:** moerassige streken met populierenbosjes, weidestruikgewas en riet aan waterkant. Niet in ons land.
**Wetenswaardigheden:** bouwt een van de meest vernuftige nesten van Europa, een bol van plantenvezels en zaadwol met aan de zijkant een ingang. In Oost-Europa werden de nesten op veel plaatsen gebruikt als inlegzool in de schoenen om de voeten warm te houden en zelfs als geneesmiddel tegen keelpijn. De buidelmees broedt in Midden-Europa slechts lokaal en sporadisch en is zeldzaam.

# Zwarte mees

*Parus ater*

**Typisch:** klautert druk in takken van naaldbomen rond. Hoge, meestal nasale roep.
**Kenmerken:** 11 cm. Kleinste inheemse mees, qua tekening identiek aan koolmees, met witte nekvlek. Jongen matter en geliger. Zang: hoog en laag 'wietze wietze wietze'.
**Voorkomen:** naald- en gemengd bos, parken met naaldbomen, in de bergen tot aan de boomgrens. Jan. – dec.
**Wetenswaardigheden:** heeft om een nest te bouwen een holte nodig met nauwe ingang; een opening van 2 cm is genoeg. Nestholen van de zwarte mees worden ook door andere mezen (bijv. koolmezen) bezet, de zwarte mezen kunnen daarbij zelfs worden gedood. 's Winters verzamelen en verstoppen ze zaden als voedselvoorraad.

# Koolmees

*Parus major*

**Typisch:** zwarte koptekening en gele onderkant met zwarte lengtestreep in het midden. Buitelt vaak acrobatisch aan twijgen.
**Kenmerken:** 14 cm. Lijkt qua tekening op zwarte mees, maar is groter (grootste inheemse mees) en heeft een zwarte buikstreep (bij het mannetje breder dan bij het vrouwtje). Zang gevarieerd, bijv. 'tsie-tsie-dèèè'.

**Voorkomen:** bossen, parken en tuinen. Jan. – dec.
**Wetenswaardigheden:** op veel plaatsen de meest voorkomende mees van Europa. Broedt evenals andere mezen in holen, ook graag in nestkastjes. Houdt zich van alle mezen het meest op de grond op. In Engeland leerden koolmezen om de aluminium doppen van melkflessen te openen om zo bij de melk te komen.

# Pimpelmees

*Parus caeruleus*

**Typisch:** enige kleine vogel met veel blauw in verenkleed. Levendig en acrobatisch, hangt vaak op de kop.
**Kenmerken:** 11,5 cm. Vrouwtjes iets matter, jongen bleker van kleur. Luide, ratelende roep. Zang: hoge trillers.
**Voorkomen:** loof- en gemengde bossen, heggen, parken en tuinen. Alleen bij uitzondering in naaldbossen.
Jan. – dec.

**Wetenswaardigheden:** komt zeer veel en wijdverspreid voor. 's Winters net als andere mezen vaak in gemengde troepen. Komt ook bij voedertafels, kan dan zeer agressief zijn en ook grotere vogels verjagen. Legt net als alle mezen veel eieren (tot wel 14 eieren per broedsel), als tegenwicht tegen de grote verliezen tijdens de winter.

# Kuifmees

*Parus cristatus*

**Typisch:** opvallende kuif. Typische roep. Meestal hoog in naaldbomen.
**Kenmerken:** 11,5 cm. Behalve de kuif en de kop weinig opvallende tekening. Roep: trillers.
**Voorkomen:** naaldbos en groepen naaldbomen in gemengd bos en parken, in de bergen tot aan de boomgrens. Jan. – dec.
**Wetenswaardigheden:** van alle inheemse mezen het sterkst gebonden aan bepaalde omgeving (naaldbos). Moeilijk te observeren, aangezien hij zich hoog in de bomen ophoudt. Hakt nestholen in vermolmde boomstammen, broedt ook in eekhoornnesten, roofvogelhorsten en nestkastjes. Heeft van onze mezen het kleinste broedsel (gemiddeld slechts 5 eieren).

# Glanskop

*Parus palustris*

**Typisch:** grijsbruin verenkleed. Roep.
**Kenmerken:** 11,5 cm. Lijkt zeer veel op de matkop, maar de kruin is glanzend zwart (niet altijd te zien!), Jongen zien eruit als de matkop. Zang: klepperend, roep: 'piestjèè'.
**Voorkomen:** loof- en gemengd bos, parken en tuinen. In bergstreken meer in de dalen dan de matkop. Komt eerder voor in bebouwd gebied en op voederplaatsen dan de matkop. Jan. – dec.
**Wetenswaardigheden:** glans- en matkop zijn ook een voorbeeld van tweelingsoorten (net als fitis en tjiftjaf), die door de ijstijd zijn ontstaan. Bij voedertafels nemen glanskoppen vaak meerdere brokken mee en verstoppen die. Ook vrouwtjes zingen, maar zelden.

# Matkop

*Parus montanus*

**Typisch:** grijsbruin verenkleed. Roep.
**Kenmerken:** 11,5 cm. Tweelingsoort van de glanskop. Zwarte kruin, maar altijd mat. Lichte vleugelvlek, die bij de glanskop altijd ontbreekt (beide kenmerken zijn alleen zichtbaar bij goed licht!), zwarte keelvlek iets groter. Roep: een nasaal 'dèèèèh'.
**Voorkomen:** grotere voorkeur voor vochtigere plaatsen dan de glanskop: bossen in de buurt van water, weidebegroeiing. In de Alpen ('Alpenmezen') hoger dan glanskoppen, in naaldbossen tot aan de boomgrens.
Jan. – dec.
**Wetenswaardigheden:** hakt vaak zelf een holletje in vermolmd hout. Vermengt zich niet met glanskop in gebieden waar ze beide in het laagland naast elkaar voorkomen.

# Boomklever

*Sitta europaea*

**Typisch:** enige vogel die ook met de kop naar beneden langs een boomstam kan klimmen.
**Kenmerken:** 14 cm. Korte staart, wordt niet gebruikt als steun bij het klimmen. Roep: verschillende hol klinkende en fluitende tonen.
**Voorkomen:** loof- en gemengde bossen, tuinen en parken met oude bomen. Komt ook bij voedertafels. Jan. – dec.

**Wetenswaardigheden:** de naam 'klever' komt van 'kleven, plakken', aangezien het vrouwtje de nestholte in de boom zeer goed dichtmetselt met leem en slechts een heel klein gaatje open laat. Met zijn zeer lange tenen verankert de vogel zich bij het klimmen in de schors. De sterke snavel wordt gebruikt om schors of harde zaden open te beitelen.

# Winterkoning

*Troglodytes troglodytes*

**Typisch:** zeer klein met korte staart. Levendig, beweegt zich muisachtig in dichte struiken dicht bij de grond. Staart meestal rechtop.
**Kenmerken:** 9,5 cm. Onduidelijke wenkbrauwstreep. Verbazend luide zang.
**Voorkomen:** struikgewas, heggen en bossen en parken met dichte ondergroei. In de bergen tot de boomgrens. Overnacht 's winters vaak bij huizen. Jan. – dec.
**Wetenswaardigheden:** mannetje bouwt aan het begin van het broedseizoen meerdere 'speelnesten': het vrouwtje zoekt een geschikt nest uit. Alleen het vrouwtje broedt: het mannetje kan met een andere partner een nieuw broedsel beginnen. Winterkoningen leven niet in troepen, maar vormen 's winters slaapgemeenschappen.

# Boomkruiper

*Certhia brachydactyla*

**Typisch:** klautert bij boomstammen omhoog en zet zich daarbij net als een specht met de staart af. Gebogen snavel.
**Kenmerken:** 12,5 cm. Van de taigaboomkruiper in de vrije natuur slechts te onderscheiden aan de zang. Flanken zijn bruinachtig. Zang: een korte oplopende strofe.
**Voorkomen:** loof- en gemengd bos. Meestal op bomen met ruwe schors. Ook in bewoond gebied in parken en tuinen. In de bergen tot 1400 m. Jan. – dec.
**Wetenswaardigheden:** beide boomkruipersoorten werden pas in de afgelopen eeuw als twee verschillende soorten erkend. Hun voedsel zoeken ze op boomstammen: de vogels bewegen zich naar boven toe en vliegen vervolgens naar de voet van een andere stam.

# Taigaboomkruiper

*Certhia familiaris*

**Typisch:** klimt net als de boomkruiper langs boomstammen omhoog, zet zich daarbij af met de staart.
**Kenmerken:** 12,5 cm. Tweelingsoort van de boomkruiper, in de vrije natuur bijna alleen aan de zang te herkennen. Flanken zijn helder wit. Zang: aflopende trillers.
**Voorkomen:** naald- en gemengde bossen, minder in bewoond gebied en meer gebonden aan naaldbomen dan de boomkruiper. In de bergen tot de boomgrens. In ons land een dwaalgast.
**Wetenswaardigheden:** overlapt in Midden-Europa met de boomkruiper, maar heeft een veel groter verspreidingsgebied (tot aan Japan). Waarschijnlijk zijn beide soorten ontstaan uit een gemeenschappelijke voorouder.

# Rietgors

*Emberiza schoeniclus*

**Typisch:** klimt in riet en zingt meestal vanaf een rietstengel.
**Kenmerken:** 15 cm. Witte buitenstaartveren (meestal zichtbaar bij opvliegen). Vrouwtjes en jongen zijn onopvallender van kleur dan de mannetjes. Zang: een korte serie scherpe, afgehakte tonen.
**Voorkomen:** rietkragen en weidevegetatie in tot land geworden zones aan water en natte gebieden. Jan. – dec.
**Wetenswaardigheden:** vormt buiten de broedtijd vaak slaapgemeenschappen van enkele tientallen vogels in het riet. Wordt als bewoner van natte gebieden bedreigd door drainagemaatregelen, maar blijkt zich beter aan te passen dan de rietzangers.

# Goudvink

*Pyrrhula pyrrhula*

**Typisch:** karakteristieke en opvallende kleuring. Roep: dikwijls een zacht 'djuuu'.
**Kenmerken:** 15 cm. Onderzijde mannetje rood, vrouwtje bruingrijs. Jongen hebben geen zwarte 'kopkap'. Stuit altijd wit (zichtbaar bij opvliegen).
**Voorkomen:** naald- en gemengde bossen, bosrijke tuinen en parken. Jan. – dec.
**Wetenswaardigheden:** het hele jaar door te zien in paren of in familieverband. 's Winters komen er vaak vogels uit het noorden naar Nederland. De vogel gold vroeger als symbool voor domheid, aangezien goudvinken zich gemakkelijk lieten vangen. Van jongs af aan door mensen opgevoede goudvinken kunnen leren hele liederen na te fluiten.

# Groenling

*Carduelis chloris*

**Typisch:** oplichtende gele vleugel- en staartvlekken. Lied van trillers tijdens zangvlucht.
**Kenmerken:** 14,5 cm. Vrouwtje meer grijs dan mannetje, jongen gestreept. Zang met trillers vanaf uitkijkpost en tijdens zangvlucht. Vaak te horen: een drenzige, nasale roep.
**Voorkomen:** loof- en gemengd bos, parken, tuinen en ook in de stad. Vaak bij voedertafels. Jan. – dec.
**Wetenswaardigheden:** wijdverspreid en veelvoorkomend. Een van de eerste zangers in het voorjaar. Komt bij voedertafels en gedraagt zich daar agressief tegenover andere vogels. Vroeger symbool van onervarenheid, omdat de vogels gemakkelijk in vogelvallen terechtkwamen.

# Putter

*Carduelis carduelis*

**Typisch:** onmiskenbaar bontgekleurd.
**Kenmerken:** 12 cm. In alle verenkleden met geel op de vleugels, zowel mannetjes als vrouwtjes. Alleen volwassen vogels hebben een rode kop. Jongen zonder rood, wel gevlekt. Geluid: snelle opeenvolging van korte klanken zoals bijv. 'doediedeliet".
**Voorkomen:** open landschap met heggen, boomrijen, boomgaarden, parken, tuinen. Buiten het broedseizoen vaak in groepjes op openterrein met zaaddragende planten. Jan. – dec.
**Wetenswaardigheden:** de andere naam voor putter, distelvink, heeft betrekking op zijn voorliefde voor de zaden van distels en andere planten, die de putter behendig uit de distels pikt.

# Sijs

*Carduelis spinus*

**Typisch:** basiskleur groengeel. Zit meestal in elzen en berken of naaldbomen.
**Kenmerken:** 12 cm. Alleen mannetje heeft zwarte kruin. Jongen bruiner, net als het vrouwtje gestreept. Kwetterende en metaalachtige klanken. Zingt meestal vanuit boomtoppen of in zangvlucht.
**Voorkomen:** broedt in naaldbossen (vooral in spar) in middel- en hooggebergte. In laagland vooral 's winters, dan ook bij voedertafels. In ons land doortrekker of wintergast.
**Wetenswaardigheden:** de naam sijs is afkomstig van een Tsjechisch bastaardwoord. Sijzen voeden zich met de zaden van dennenappels, sparappels, en 's winters vooral met die van de els en kunnen daarbij zo behendig als mezen heen en weer hippen.

# Europese kanarie

*Serinus serinus*

**Typisch:** zeer klein, verenkleed met veel geel. Typische zang vanaf hoge uitkijkpost of tijdens baltsvlucht.
**Kenmerken:** 11,5 cm. Kleinste inheemse vink. Volwassen vogels hebben gele stuit. Vrouwtjes meer bruingrijs en net als de jongen gestreept. Zang hoog en knarsend (klinkt als ongeoliede kinderwagen).
**Voorkomen:** open cultuurlandschap, parken, tuinen en wijngaarden. Maart – okt.
**Wetenswaardigheden:** de Europese kanarie is afkomstig uit het zuiden: ongeveer 200 jaar geleden kwam hij alleen voor in Zuid-Europa en Noord-Afrika. Van daaruit heeft hij zich over het grootste deel van West-Europa verspreid. Terwijl hij in zijn oorspronkelijke vaderland nog steeds een standvogel is, is hij in zijn nieuwe gebied een trekvogel geworden.

# Barmsijs

*Acanthis flammea*

**Typisch:** rode kruin. Zwarte kin. Zit 's winters meestal in elzen en berken.
**Kenmerken:** 13 cm. Alleen mannetjes in broedkleed hebben een rode borst. Jongen hebben geen rode kruin. Vaak roepgeluiden 'dzjèèdzjèèdzjèè'.
**Voorkomen:** naaldbossen in middel- en hooggebergte, in de Alpen tot aan de boomgrens. In laagland in open plekken in naaldbossen, elzen- en berkenbosjes.
**Wetenswaardigheden:** verspreidingsgebied bestaat uit twee delen in NoordEuropa en Midden-Europese gebergten. Heeft zich de laatste decennia vandaaruit verder verspreid, bijv. naar de Britse eilanden en de Duitse Noordzeekust. 's Winters zijn er vaak invasies van vogels uit het noorden.

# Kneu

*Acanthis cannabina*

**Typisch:** 's winters in kleine groepen. Roep vaak tijdens vlucht een nasaal 'dzji-dzjiik'. **Kenmerken:** 13,5 cm. Mannetjes tijdens broedperiode met veel rood, in winterkleed net als vrouwtjes. Vrouwtjes evenals jongen bruiner en gestreept. Variabele, aanhoudende zang met trillers en nasale metaalachtige klanken. **Voorkomen:** open cultuurlandschap met heggen, hier en daar een boom of struik; parken en tuinen met veel struikgewas. In de bergen tot aan de boomgrens. Jan. – dec. **Wetenswaardigheden:** de kneu is een karakteristieke soort van het open cultuurlandschap, rijk aan struiken en bosjes. Hij is aangewezen op braakliggend land en onkruidvelden, aangezien hij zich voedt met de zaden van vele wilde kruiden ('akkeronkruid').

# Vink

*Fringilla coelebs*

**Typisch:** zang: kwetterend en gestructureerd. Zoekt vaak op de grond naar voedsel.
**Kenmerken:** 15 cm. Altijd witte vleugelstrepen en buitenkant staart wit. De blauwe kap van het mannetje is 's winters meer bruingrijs. Vrouwtjes olijf-grijsbruin. Zang: luid schallende reeks van tonen die per regio in een verschillende uithaal eindigt.
**Voorkomen:** alle soorten gebieden met bomen, van laagland tot aan de boomgrens. Jan. – dec.
**Wetenswaardigheden:** een van de meest voorkomende vogels van Europa. Vroeger populair als kamervogel: met de zingende mannetjes werden wedstrijden gehouden (eerste oorkonde 1456!). Kenners onderscheiden op het gehoor tientallen verschillende typen strofes.

# Keep

*Fringilla montifringilla*

**Typisch:** witte stuit. Luide, blèrende nasale roep.
**Kenmerken:** 15 cm. Mannetjes in broedkleed (vanaf het voorjaar) met contrastrijk verenkleed; zwarte partijen zijn in winterkleed bruin gevlekt. Vrouwtjes zijn lichter van kleur.
**Voorkomen:** broedt in noordelijke berken- en naaldbossen. In Midden-Europa is hij slechts een wintergast in loofbossen, parken en tuinen. Okt. – apr.

**Wetenswaardigheden:** de keep is een van de meest voorkomende vogels in de noordelijke bossen en neemt daar de plaats in van de vink. In Midden-Europa is hij de meest voorkomende wintergast; in sommige jaren in enorme aantallen in bossen met beuk en haagbeuk. Zo waren er in de jaren '50 naar schatting in Zwitserland zo'n 70 miljoen kepen op slaapplaatsen.

# Huismus

*Passer domesticus*

**Typisch:** bijna altijd in de nabijheid van de bewoonde wereld. Hipt over de grond. Typische roep.
**Kenmerken:** 15 cm. Mannetjes contrastrijk. Grijze kruin. Vrouwtjes en jongen onopvallend. Roep: het typische 'tsjilpen'.
**Voorkomen:** alle soorten bebouwd gebied. Jan. – dec.
**Wetenswaardigheden:** sinds de mens begonnen is met akkerbouw volgt de huismus de mens en is er grotendeels van afhankelijk. Is waarschijnlijk afkomstig uit de droge streken van Zuidwest-Azië. Nu bijna over de hele wereld verspreid. Werd in de Griekse oudheid beschouwd als heilig. Later werd hij vervolgd als schadelijk voor het gezaaide gewas. Op veel plaatsen werden zijn vlees en hersenen gebruikt als afrodisiacum.

# Ringmus

*Passer montanus*

**Typisch:** bruine kruin, zwarte vlek bij het oor. Vaak op afstand van de bewoonde wereld.

**Kenmerken:** 14 cm. Beide geslachten (in tegenstelling tot de huismus) gelijk van kleur. Geluid als van huismus.

**Voorkomen:** minder in de buurt van mensen dan de huismus. Open cultuurlandschap met heggen, groepjes bomen, bosranden, parken en tuinen aan de rand van bebouwing. Jan. – dec.

**Wetenswaardigheden:** in Midden-Europa minder in steden dan de huismus, in andere gebieden (ZuidEuropa, Azië) ook in dorpen en steden. Buiten de broedtijd in zwermen, die verjaagd worden omdat ze schade aan de akkerbouw toe brengen. Hij eet echter ook insecten. De ringmus broedt in holen.

# Boomleeuwerik

*Lullula arborea*

**Typisch:** zeer korte staart. Zit als enige leeuwerik in bomen.
**Kenmerken:** 15 cm. Zelfde tekening als veldleeuwerik. Zang: zachte, vloeiende strofen.
**Voorkomen:** droge open plekken in het bos, lichte dennenbossen, heide met hier en daar een boom. Feb. – okt.
**Wetenswaardigheden:** de boomleeuwerik zingt op de grond of tijdens zangvlucht, meestal echter vanuit een boom. Hij zingt ook 's nachts. Zijn fraai gezang is zeer complex: wel meer dan 100 verschillende strofen, die de vogel na het zingen bijna foutloos in dezelfde volgorde kan herhalen. De boomleeuwerik mijdt intensief gebruikt cultuurland en is bij ons ernstig in zijn bestaan bedreigd.

# Veldleeuwerik

*Alauda arvensis*

**Typisch:** trillende zang, zonder onderbreking voorgedragen tijdens zangvlucht. Verder leeft en broedt hij op de grond.
**Kenmerken:** 18 cm. Onopvallende schutkleur. Zang afwisselend met veel imitaties van andere vogels.
**Voorkomen:** wijdverspreid in open landschappen: velden, weiden, akkers, veengebieden. Jan. – dec.
**Wetenswaardigheden:** als oorspronkelijke vogel van de Aziatische steppen, is de veldleeuwerik in Midden-Europa pas na het rooien van bomen voor. de akkerbouw ook hier een veelvoorkomende vogel geworden. De zangvlucht is oorspronkelijk een aanpassing aan een boomloos landschap. Tijdens zijn minuten durende zang haalt de vogel adem door zeer korte en daardoor onhoorbare pauzes in te lassen.

# Kuifleeuwerik

*Galerida cristata*

**Typisch:** opvallende kuif (Let op: ook de veldleeuwerik lijkt een kuif te hebben!). Veel op de grond.
**Kenmerken:** 17 cm. Korte staart en minder contrastrijk dan veldleeuwerik. Zingt in korte strofen met veel imitaties (ook van fluitende mensen).
**Voorkomen:** halfwoestijnen, steppen, braakliggend land, fabrieksterrein en spoordijken. Ook in grote steden. Jan. – dec.

**Wetenswaardigheden:** oorspronkelijk is de kuifleeuwerik afkomstig van halfwoestijnen en woestijnen. Tijdens de Middeleeuwen heeft hij zich verspreid over de 'cultuursteppe' van de akkerbouw-gebieden. Hij is zelfs zozeer aan de mens gewend geraakt, dat hij hier en daar zelfs op platte daken broedt. Tegenwoordig is de kuifleeuwerik weer wat zeldzamer geworden.

# Boerenzwaluw

*Hirundo rustica*

**Typisch:** zeer lange buitenste staartpennen. Behendige jager in de lucht, vaak ook in de buurt van de grond.
**Kenmerken:** 19 cm. Voorhoofd en keel bruinrood. Zang: kwetterend met snorrend einde.
**Voorkomen:** broedt in gebouwen in landelijke woongebieden, jaagt boven open cultuurland en boven water. Maart – okt.

**Wetenswaardigheden:** ook de boerenzwaluw is een cultuurvolger die zich goed heeft aangepast aan het landelijke cultuurlandschap. Populatie loopt momenteel terug door afnemend aanbod van voedsel en broedmogelijkheden (minder veestallen!). Slecht weer tijdens de broedperiode of de trek naar Afrika kan leiden tot massale sterfte.

# Gele kwikstaart

*Motacilla flava*

**Typisch:** wipt met staart als witte kwikstaart. Feller geel dan grote gele kwikstaart.
**Kenmerken:** 16,5 cm. Bovenzijde olijfgroen (grijs bij grote gele kwikstaart). Vrouwtjes, jongen en mannetjes zijn fletser in winterkleed. Roep tijdens vlucht 'psuu-iep'.
**Voorkomen:** drassige weilanden, heide. Niet altijd in de buurt van water.
Maart – sept.

**Wetenswaardigheden:** de gele kwikstaart komt voor van Noord-Europa tot ver in Siberië. Vogels uit verschillende gebieden hebben duidelijk verschil in kleur. Vandaar dat er tijdens de trektijd ook vogels met een donkere kop vanuit Noord-Europa bij ons opduiken. Gele kwikstaarten zijn vaak te vinden in de buurt van weidevee en jagen op de hierbij aanwezige insecten.

# Grote gele kwikstaart

*Motacilla cinerea*

**Typisch:** zeer lange staart. Bijna altijd in de buurt van stromend water. Wipt met de staart.
**Kenmerken:** 18 cm. Bovenzijde grijs. Keel van mannetje tijdens broedtijd zwart. In winterkleed net als vrouwtjes en jongen flets.
**Voorkomen:** snelstromende beken en rivieren. Minder vaak bij meren. Jan. – dec.
**Wetenswaardigheden:** heeft zich vanaf circa 1850 sterk uitgebreid op het laagland van Nederland tot aan Polen: vermoedelijk vanwege de betere levensvoorwaarden door de bouw van kleine stuwdammen en vijvers bij watermolens. In deze eeuw is een teruggang opgetreden door de sterke bebouwing en toenemende vervuiling van het water.

# Witte kwikstaart

*Motacilla alba*

**Typisch:** snelle trippelende gang; wipt daarbij voortdurend met staart.
**Kenmerken:** 18 cm. Contrastrijk zwart – grijswit gekleurd. Jongen fletser en meer bruinig. Roep tijdens vlucht duidelijk: 'tsielipp'.
**Voorkomen:** open cultuurlandschap, ook in bewoond gebied. Vaak bij water. Maart – sep.
**Wetenswaardigheden:** komt in bijna heel Europa en Azië voor. Ontwikkelt daardoor meerdere vormen (ondersoorten). Overnacht buiten de broedtijd vaak gemeenschappelijk in heesters of gebouwen. De witte kwikstaart is deels een cultuurvolger, aangezien hij vaak in nissen van gebouwen broedt. Hoort tot de soorten in wier nest de koekoek het liefst zijn eieren legt.

# Pestvogel

*Bombycilla garrulus*

**Typisch:** bruine vogel met verenkuif. Meestal in groepen op bessenstruiken.
**Kenmerken:** 18 cm. Opvallende vleugeltekening en gele eindband aan staart. Geluid: zacht 'sierr'.
**Voorkomen:** In MiddenEuropa in bossen, tuinen en parken met bessenstruiken. Nov. – apr.
**Wetenswaardigheden:** broedt in naaldbossen in de taiga's in het hoge noorden. Voedt zich 's winters uitsluitend met bessen (vooral de lijsterbes). Bij een slecht voedselaanbod trekken de vogels massaal naar Midden- en Zuid-Europa (zogeheten invasies). Dit komt niet elk jaar voor. In Middeleeuwen werd hij beschouwd als vogel wiens verschijnen onheil betekende. Hieraan heeft hij zijn naam te danken.

# Klapekster

*Lanius excubitor*

**Typisch:** grootste klauwier. Contrastrijk, met zwart 'boevenmasker'. Zit meestal op goed zichtbare uitkijkpost.
**Kenmerken:** 24 cm. Tijdens vlucht valt witte vleugelband op. Jongen bruiner met bandjes aan onderzijde. zang: onder andere korte, hese strofen.
**Voorkomen:** open land met boomgroepen, veen- en heidegebieden, bosranden en boomgaarden. Jan. – dec.
**Wetenswaardigheden:** grootste klauwier van Europa en de enige die ook 's winters in Midden-Europa te zien is. Vangt naast grote insecten ook kleine gewervelde dieren en vangt zelfs kleine vogels in de vlucht! Voedt zich 's winters vooral met muizen. Is nog zeldzamer geworden dan de grauwe klauwier en bij ons met uitsterven bedreigd.

# Grauwe klauwier

*Lanius collurio*

**Typisch:** roodbruine rug, zit op vrijstaande uitkijkposten. **Kenmerken:** 17 cm. Alleen mannetjes met zwarte oogstreep, vrouwtjes en jongen bruiner, met gevlekte borst. **Voorkomen:** open landschap met doornstruiken, heggen. Apr. – sept. **Wetenswaardigheden:** de meest voorkomende van de inheemse klauwieren, de 'roofvogels onder de zangvogels'.

Klauwieren hebben sterke haaksnavels en spietsen hun prooi aan doorns. Het spietsen is de jongen aangeboren, maar ze moeten wel leren de juiste doorns te kiezen. De grauwe klauwier was ooit een van de karakteristieke vogels van velden met bosjes, maar zijn aantal is drastisch afgenomen en hij geldt momenteel als ernstig bedreigde soort.

# Alpenheggenmus

*Prunella collaris*

**Typisch:** kleuren. Komt alleen in hooggebergte voor. Beweegt zich vaak over de grond.
**Kenmerken:** 18 cm. Overwegend grijs, roodachtige flanken. Jongen lichter en zonder zwart-witte keelvlekjes. Beweegt zich op grond en in vlucht net als de leeuwerik.
**Voorkomen:** alleen hooggebergte boven de boomgrens, 's winters ook in lager gelegen gebied, maar zelden in bewoond gebied. Slechts bij uitzondering in ver van bergen verwijderd laagland. Jan. – dec.
**Wetenswaardigheden:** is vaak in de buurt van toeristische plaatsen (bijv. berghutten). Komt ook voor in Aziatische gebergten en broedt over het algemeen op grote hoogte. Hoogst aangetroffen nest in de zomer op 7900 meter hoogte op de Mount Everest.

# Grote karekiet

*Acrocephalus arundinaceus*

**Typisch:** grootste rietzanger. Zang: schor en krassend. Zit vaker open en bloot dan andere karekieten/rietzangers.
**Kenmerken:** 19 cm. Eentonig gekleurd. Zang: diepe, knarsende strofen ('karre-karre-kiet-kiet'.)
**Voorkomen:** rietvelden aan open water. Apr – sept.
**Wetenswaardigheden:** grootste inheemse rietzanger. Heeft net als de kleine karekiet zijn verspreidingsgebied in Europa in de laatste 100 jaar langzaam uitgebreid naar het noorden (Zuid-Scandinavië). Heeft grote onverstoorde rietvelden nodig en is bij ons een algemene broedvogel. Zelfs wanneer het waait is zijn gezang nog op enige afstand van het riet te horen. Bouwt net als de kleine karekiet een hangnest tussen de rietstengels.

# Nachtegaal

*Luscinia megarhynchos*

**Typisch:** onopvallend, leeft zeer verborgen. Staart roodbruin. Zeer welluidend gezang. Wipt veel met de staart.
**Kenmerken:** 16,5 cm. Geen bijzondere kenmerken. Jongen gevlekt. Zang: luid, lang en zeer afwisselend. Zingt ook 's nachts.
**Voorkomen:** Bossen, parken, tuinen met dichte ondergroei. Apr. – sept.

**Wetenswaardigheden:** De naam stamt uit het oud Hoogduits: 'nahtigala' betekent nachtzangeres. Sinds de oudheid in veel delen van Europa niet bejaagd wegens zijn zang en functie als christelijk symbool van verlossing. In het oude Rome was een nachtegaal bij tijden duurder dan een slaaf. In het noordoosten van Duitsland komt de Noordse nachtegaal voor.

# Zanglijster

*Turdus philomelos*

**Typisch:** zoekt voedsel op de grond. Roept bij het opvliegen en tijdens de vlucht zacht 'tsip'. Geelbruine ondervleugels. Zingt vanuit boomtop, meestal in de schemering.
**Kenmerken:** 23 cm. Qua kleur lijkt hij op grote lijster, maar kleiner. Zang: luid, welluidend, korte strofen die twee tot drie keer worden herhaald ('joediet-joediet-joediet').

**Voorkomen:** bossen, parken en tuinen. Maart – nov.
**Wetenswaardigheden:** de zanglijster heeft net als de merel in de afgelopen eeuw een verstedelijkingsproces doorgemaakt. Is ook in Australië en Nieuw-Zeeland ingeburgerd. Het vrouwtje bekleedt haar nest met gekauwd, vermolmd hout, of mestdat na het drogen een harde schaal vormt.

# Merel

*Turdus merula*

**Typisch:** hipt over de grond, blijft vaak plotseling staan. Wipt met de staart.
**Kenmerken:** 25 cm. Mannetjes helemaal zwart. Vrouwtjes donkerbruin gevlekt, jongen roodbruin gevlekt. Zang: lang, langzaam fluitend.
**Voorkomen:** zeer vaak in parken en tuinen in dorpen en steden en in bossen. Jan. – dec.
**Wetenswaardigheden:** de merel komt oorspronkelijk uit donkere bossen. Sinds de laatste eeuw heeft hij zich in Midden-Europa aangepast aan het leven in steden en dorpen. Verder naar het oosten enzuiden is het nog steeds een schuwe woudvogel. Hij komt voor van Europa tot Oost-Azië en is ingevoerd in Australië en Nieuw-Zeeland. Breidt zich nog steeds uit (eerste broedsel op IJsland in 1985).

# Beflijster

*Turdus torquatus*

**Typisch:** vorm als merel. Mannetje is enige vogel van deze grootte met witte borstband. Zingt meestal vanuit boomtop.
**Kenmerken:** 25 cm. Borstband bij vrouwtjes minder scherp, ontbreekt bij jongen. Vaak geschubd uiterlijk (foto). Zang: korte, rauwe strofen.
**Voorkomen:** in de Alpen in de naaldboszone tot aan of zelfs net boven de boomgrens. Ook in enkele middelgebergten. In ons land zeldzame doortrekker.
**Wetenswaardigheden:** broedgebied in tweeën gedeeld: behalve in de Midden- en Zuid-Europese gebergten ook in Scandinavië en het noorden van Groot-Brittannië Tijdens de broedperiode meestal niet onder de 1000 m hoogte. Bij hevige sneeuwval in het voorjaar ook in lager gelegen gebied.

# Waterspreeuw

*Cinclus cinclus*

**Typisch:** enige zangvogel die in het water naar voedsel duikt. Witte keel en borst.
**Kenmerken:** 18 cm. Onmiskenbare tekening. Bij beide geslachten gelijk, jongen grijzer en ietwat gevlekt. Veel knikkende bewegingen. Scherpe roep tijdens vlucht.
**Voorkomen:** altijd bij water, aan snelstromende beken en rivieren, vooral in middel- en hooggebergte, zelden elders. Onregelmatige wintergast.
**Wetenswaardigheden:** uitstekend aangepast aan het zoeken naar voedsel onderwater, bijv. door een dichter verenkleed dan andere zangvogels. Gebruikt onderwatervleugels als vinnen, 'loopt' op de bodem van de beek. Bouwt een bolvormig nest in nissen, bijv. aan bruggen. Bedreigd: populatie neemt af door bebouwing en vervuiling.

# Grauwe gors

*Emberiza calandra*

**Typisch:** Bruin gestreept verenkleed, lichtere onderzijde gevlekt. Rinkelend gezang, vanaf verhoging.
**Kenmerken:** 18 cm. De grauwe gors is de grootste gors van Europa. Verenkleed: leeuwerikachtig. Zang: kort, als het rammelen van een sleutelbos.
**Voorkomen:** open, droog cultuurlandschap: velden, akkers en weiden met hier en daar een boom of bosje. Jan. – dec.
**Wetenswaardigheden:** de grauwe gors is vermoedelijk pas met het verbouwen van graan Midden-Europa binnengekomen: misschien was hij ook al inheems in de weinige onbeboste gebieden (rivierdalen, bosranden). Veel gebieden zijn pas de afgelopen eeuw op grote schaal bevolkt.

# Geelgors

*Emberiza citrinella*

**Typisch:** typisch gezang vanaf verhoogde zangpost. Zoekt voedsel vaak op de grond
**Kenmerken:** 16,5 cm. Altijd met roodbruine stuit. Vrouwtjes en jongen hebben minder geel en zijn lichter van kleur. Zang: serie korte tonen met lagere slotklank (ontbreekt soms): 'tji-tji-tji-tji-tsieééh'.
**Voorkomen:** open cultuurlandschap met heggen, struikgewas en boomgroepen; bosranden. Jan. – dec.
**Wetenswaardigheden:** een van de typische vogels van het agrarische landschap. Hoewel hij nog veel voorkomt, lopen de aantallen op sommige plaatsen terug, vermoedelijk wegens de intensivering van de landbouw. Vroeger geloofde men dat het kijken naar een geelgors iemand van geelzucht kon genezen.

# Ortolaan

*Emberiza hortulana*

**Typisch:** zingt vaak vanaf verhoogde zangpost. Gele keel.
**Kenmerken:** 16,5 cm. Vrouwtjes en jongen bleker en bruiner dan mannetjes. Zang lijkt op die van geelgors.
**Voorkomen:** open en droog cultuurlandschap met bosjes, ook wijngaarden. Apr. – okt.
**Wetenswaardigheden:** de naam stamt van het Latijnse woord 'hortus' (tuin). Was vroeger samen met grauwe gors en geelgors karakteristiek voor het gevarieerde cultuurlandschap, wordt momenteel bij ons met uitsterven bedreigd. Mogelijkerwijs liet Beethoven zich voor het hoofdthema van zijn Vijfde Symfonie inspireren door het gezang van ortolaan of geelgors. Overwintert ten zuiden van de Sahara of in Arabië.

# Appelvink

*Coccothraustes coccothraustes*

**Typisch:** zeer massieve snavel. Meestal in boomtoppen.
**Kenmerken:** 18 cm. Bij opvliegen vallen witte vleugelband en wit staarteinde op. Vrouwtjes lichter en jongen aan onderkant gevlekt. Korte, harde 'tsik'-roep, zang zeer onopvallend.
**Voorkomen:** loof- en gemengde bossen, parken, boomgaarden met hoge oude bomen. In ons land schaars voorkomende broedvogel.
**Wetenswaardigheden:** binnenkant snavel gecompliceerd geconstrueerd, met snijkanten en dwarsranden. De vogel kan daarmee een druk van 72 $kg/cm^2$ uitoefenen en zelfs olijfpitten kraken. Om kleine zaden te openen heeft hij echter meer tijd nodig dan kleinere vinken! Broedt meestal in kleine aantallen, maar soms ook in kleine koloniën.

# Kruisbek

*Loxia curvirostra*

**Typisch:** unieke snavelvorm met gekruiste snavelpunten (vaak alleen van dichtbij te onderscheiden). In naaldbomen.
**Kenmerken:** 16,5 cm. Oude mannetjes rood, vrouwtjes olijfgroen, jongen donkerder en gestreept aan onderzijde. Geluid: een hard 'kip'.
**Voorkomen:** naaldbomen en parken met naaldbomen. Vooral sparren. In gebergte hoog tot aan de boomgrens. Jan. – dec.
**Wetenswaardigheden:** de onder vogels unieke snavelvorm maakt het mogelijk zaadkegels/-appels (spar, den, pijnboom) te openen. Aangezien de naaldbomen niet overal voortdurend genoeg zaad leveren, moeten de vogels ver rondzwerven ('zigeunervogels') en broeden ze alleen als er genoeg zaad is, ook al is het midden in de winter.

# Spreeuw

*Sturnus vulgaris*

**Typisch:** zoekt meestal al lopend voedsel op de grond. Vliegt deels in glijvlucht. Zeer gezellig.

**Kenmerken:** 21,5 cm. In de herfst en winter wit gevlekt. Jongen bruin. In vlucht driehoekige vleugels. Zeer variabele zang met veel imitaties. Mannetje slaat daarbij met de vleugels.

**Voorkomen:** loof- en gemengd bos, parken en tuinen met oude bomen. Af en toe in enorme slaapgemeenschappen, ook midden in grote steden. Jan. – dec.

**Wetenswaardigheden:** een van de meest voorkomende vogels van Europa. Werd rond 1890 in Noord-Amerika door een man ingevoerd, die alle door Shakespeare genoemde vogels daar inheems wilde maken.

# Wielewaal

*Oriolus oriolus*

**Typisch:** mannetjes onmiskenbaar geel met zwart. Zang: fluiten. Meestal in boomkruinen. Schuw.
**Kenmerken:** 24 cm. Vrouwtjes en jongen met geelgroene bovenzijde en gestreepte onderkant. Krassende roep, fraaie fluitende, korte zang.
**Voorkomen:** lichte loofbossen, vooral bij water; parken met oude loofbomen, boomgaarden. Hier en daar in dennenbossen. Mei – sept.
**Wetenswaardigheden:** enige Europese vertegenwoordiger van een verder in de tropen en subtropen thuis horende vogelfamilie. Komt slechts in zeer geringe dichtheid voor, aangezien een paar een groot territorium in beslag neemt. Bouwt een kunstig, vrij hangend nest, dat alleen aan de randen aan takken is bevestigd.

# Kramsvogel

*Turdus pilaris*

**Typisch:** meestal in groepen op de grond. Karakteristieke roep: 'tsjak tsjak tsjak'.
**Kenmerken:** 25,5 cm. Meest bonte lijster. Tijdens vlucht zijn witte ondervleugels goed zichtbaar.
**Voorkomen:** open cultuurlandschap met boomgroepen of struiken; bosranden, lichte berkenbossen, parken. Jan. – dec.
**Wetenswaardigheden:** vroeger zeer geliefd als delicatesse. Was in Midden-Europa tijdens de trektijd altijd talrijk, maar heeft zich hier pas vanaf de 18e eeuw als broedvogel gevestigd, in veel gebieden in Duitsland pas in de laatste tientallen jaren in groten getale. Breidt zich nog altijd verder naar het westen uit. Kan groepsgewijs roofvogels aanvallen en zodanig met uitwerpselen besproeien, dat ze niet meer kunnen vliegen.

# Grote lijster

*Turdus viscivorus*

**Typisch:** zoekt voedsel op de grond. In vlucht wit van ondervleugel zichtbaar. Luide, ratelende roep.
**Kenmerken:** 27 cm. Kleur gelijk aan zanglijster. Grootste lijster van Europa. Zang lijkt op die van merel.
**Voorkomen:** bossen, bosjes en struiken in veld, parken in steden. Feb. – nov.
**Wetenswaardigheden:** 's winters eet de grote lijster het liefst bessen van de maretak (mistletoe) als die er zijn. Daarom heet de vogel in Duitsland 'Misteldrossel'. Soms verdedigen ze zelfs een bepaalde bessenstruik tegen soortgenoten. Hoewel oorspronkelijk een woudvogel, heeft ook de grote lijster zich op veel plaatsen aangepast aan open gebied en zelfs aan het leven in dorpen en steden.

# Vlaamse gaai

*Garrulus glandarius*

**Typisch:** opvallende blauw-zwarte vleugeltekening. Rauwe, krijsende roep.
**Kenmerken:** 34 cm. In vlucht witte stuit. Zang: rauw, met imitaties.
**Voorkomen:** alle soorten bossen, bosjes, parken en tuinen. Talrijke broedvogel.
**Wetenswaardigheden:** zeer veelzijdige voeding: haalt ook nesten uit. Verzamelt in de herfst eikels, beukennootjes en hazelnoten, transporteert ze in een keelzak (soms wel 12 eikels in een keer) en begraaft of verstopt ze op meerdere plaatsen als voorraad voor de winter. Eet echter niet alle verstopte noten op en helpt zo bij het verspreiden van de betreffende boomsoorten, vooral eiken. In sommige jaren komen ze massaal uit Oost-Europa westwaarts.

# Notenkraker

*Nucifraga caryocatactes*

**Typisch:** gevlekt, krachtige snavel. Zit vaak in boomtoppen.
**Kenmerken:** 32 cm. Tijdens vlucht witte onderstaartdekveren. Langzame vleugelslag. Krassend geluid.
**Voorkomen:** naaldbossen van enkel middelgebergten en de Alpen tot aan de boomgrens. 's Winters ook in lager gelegen gebied. Komt niet voor in ons land.

**Wetenswaardigheden:** de notenkraker verstopt in de herfst wel zo'n 100.000 zaden van de alpenden als wintervoorraad en vindt een groot deel ervan zelfs onder de sneeuw terug. Zo draagt hij bij tot de verspreiding van de alpenden en is zo ook van belang voor het bosbeheer. In sommige jaren treden er invasies op van Siberische notenkrakers in Midden-Europa.

# Ekster

*Pica pica*

**Typisch:** onmiskenbaar zwart-wit met zeer lange staart. Typisch geluid. Loopt vaak op de grond.
**Kenmerken:** 46 cm. De metaalachtige glans die de volwassen dieren op de veren hebben (alleen van dichtbij te zien) ontbreekt bij de jongen. Luide, ratelende roep ('tsjakakak').
**Voorkomen:** open cultuurlandschap met bosjes en struiken; bomenlanen, bosranden; ook in dorpen en steden. Jan. – dec.
**Wetenswaardigheden:** een van de karakteristieke vogels van het open cultuurlandschap. Zeer breed voedselspectrum: eet aas en jonge vogels. De grote takkennesten worden door de ransuil of torenvalk gebruikt voor hun eigen broedsel. De ekster werd vroeger wel aangezien voor een heks die van gedaante was veranderd.

# Alpenkauw

*Pyrrhocorax graculus*

**Typisch:** enige helemaal zwarte vogel met gele snavel en rode poten. Alleen in hooggebergte (Alpen).
**Kenmerken:** 38 cm. Jongen hebben bruine snavel en zwarte poten. Uitstekende, acrobatische vlieger. Geluid: luide en hoge fluittonen en trillers, hoorbaar van ver. Niet schuw.
**Voorkomen:** alpen boven de boomgrens, vaak te zien op plaatsen waar toeristen komen (berghutten, bergtoppen, bergtreintjes). 's Winters ook in lager gelegen gebied. Jan. – dec.
**Wetenswaardigheden:** de bergvogel die het meest van de mens heeft geprofiteerd, doordat hij afval op toeristische plaatsen als voedselbron gebruikt. Broedt tot op 3000 m hoogte (soms hoger) en is een van de hoger broedende vogels.

# Kauw

*Corvus monedula*

**Typisch:** grijze nek, lichtgekleurd oog. Zeer sociaal levend. Typisch geluid.
**Kenmerken:** 33 cm. Jongen bruiner van kleur. Geluid: 'keffend tsjek'.
**Voorkomen:** in ruïnes, kastelen, kerktorens en andere gebouwen met nestholen (zelfs schoorstenen). Steengroeven, rotsen, zelden in bomen in bos. 's Winters vaak samen met roeken. Jan. – dec.

**Wetenswaardigheden:** kleinste kraaiachtige en als enige van hen holenbroeder. Werd vroeger net als kraaien en roeken als ongeluksbrenger beschouwd. Na de laatste oorlog is het bestand toegenomen (ruïnes!). Tegenwoordig is hij weer zeldzamer, omdat wegens het saneren van gebouwen in de steden er steeds minder broedmogelijkheden overblijven.

# Raaf

*Corvus corax*

**Typisch:** duidelijk groter dan kraaien. Zware snavel. In vlucht wigvormige staart.
**Kenmerken:** 64 cm. Helemaal zwart. Geluid: 'kworr-kworr'.
**Voorkomen:** broedt in rotswanden in de Alpen en enkele middelgebergten evenals in bossen en open land met bosjes in Noord- en Noordoost-Duitsland. Jan. – dec.
**Wetenswaardigheden:** grootste zangvogel ter wereld, wijd verspreid op het noordelijk halfrond. Alleseter, ook aas. Gold vroeger als onheilsbode. Werd in de afgelopen eeuwen veel bejaagd en uitgeroeid. Populties hebben zich sinds de tweede wereldoorlog hier en daar hersteld. Is echter nog steeds een bedreigde soort. In ons land als broedvogel verdwenen. Wordt weer met wisselend succes uitgezet.

# Roek

*Corvus frugilegus*

**Typisch:** hoekig kopprofiel met kale snavelbasis. 's Winters in grote zwermen. Broedt in kolonies.
**Kenmerken:** 46 cm. Verenkleed met metaalachtige glans (alleen van dichtbij te zien). Jongen zonder kale plek aan snavelbasis. Zoekt voedsel op de grond.
**Voorkomen:** bosranden en bosjes op open plaatsen, parken. 's Winters in grote zwermen op akkers en velden, in bomen, ook in steden. Jan. – dec.
**Wetenswaardigheden:** de grote zwermen in de winter zijn afkomstig uit het noorden en oosten. In Nederland is de roek een talrijke broedvogel en komt voor als wintergast. Wordt sinds de Middeleeuwen vervolgd omdat hij schadelijk is voor het zaaigoed, maar eet zelf ook veel 'ongedierte'.

# Zwarte kraai

*Corvus corone*

**Typisch:** zwart verenkleed met minder metaalachtige glans dan roek. Niet in zulke grote zwermen als roek. Zoekt voedsel op de grond.
**Kenmerken:** 47 cm. Zwarte kraai is helemaal zwart. Bonte kraai: tweekleurig zwart en grijs. Typische roep.
**Voorkomen:** open cultuurland aan bosranden, bosjes in veld; parken en ook in steden. Zoekt naar voedsel op akkers en weiden. Jan. – dec.
**Wetenswaardigheden:** zwarte en bonte kraaien zijn rassen van een en dezelfde kraaiensoort (de 'aaskraai'). De zwarte kraai komt voor in West-Europa (inclusief Engeland), de bonte kraai in het oosten (tot in Siberië) evenals in Ierland en Schotland. De verspreidingsgebieden raken elkaar bij de Elbe: daar ontstaan ook mengvormen (hybriden).

# Register

**Fotoverantwoording**
Met 89 kleurenfoto's van:
Brandl 96, 25, 37, 90), Cramm (43, 86, 92), Danegger (39, 44, 57, 61, 84, 87), Diedrich (78, 85), Fürst 933, 38, 54, 62, 64), Fürst/Stahl (15, 46, 66), Groß (42, 47), Hopf (69), Hüttenmoser (34), Limbrunner (58, 76), Schmidt/Angermayer (50), Schremp (6,30), Schulze (12, 14, 22, 59), Vogt (82), Wendl (2/3, 8, 10, 17, 18, 20, 28, 29, 32, 36, 40, 45, 49, 51, 53, 55, 60, 67, 80, 81, 88, 93), Wothe (7, 16, 21, 23, 24, 48, 56, 70, 72, 77, 91), Zeininger (9, 11, 13, 19, 27, 31, 35, 41, 52, 63, 65, 68, 71, 73, 74, 5, 79, 83, 89)
18 kleurentekeningen en 26 zwart-wit tekeningen door S. Walentowitz

Omslag voorkant: Winterkoning, *Troglodytes troglodytes* (A. Klees)
Omslag achterkant: Geelgors, *Emberiza citrinella* (A. Klees), Ringmus, *Passer montanus* (P. Zeininger)
Op titelpagina een Gekraagde roodstaart, *Phoenicurus phoenicurus*

**Colofon**
ISBN 90 5210 555 3
NUR 435

Oorspronkelijke titel: *Singvögel*

Vertaling: Studio Imago, Annemieke Hornstra
Opmaak en redactie: Studio Imago, Amersfoort

**Met dank aan Stichting Veldwerk Nederland**



Dit is een uitgave van
Tirion Uitgevers bv
Postbus 309
3740 AH Baarn

**www.tirionuitgevers.nl**

## Typische weide- en veldvogels

Veldleeuwerik (blz. 61)

Geelgors (blz. 78)

Grauwe klauwier (blz. 69)

Grasmus (blz. 19)

Paapje (blz. 32)

Ekster (blz. 88)

Bonte kraai (blz. 93)

Roek (blz. 92)

## Typische bosvogels

Roodborst (blz. 34)

Vink (blz. 56)

Boomklever (blz. 44)

Tajga boomkruiper
(blz. 47)

Winterkoning
(blz. 45)

Tjiftjaf (blz. 23)

Pimpelmees (blz. 40)

Staartmees (blz. 36)

## Typische vogels in dorpen en steden

Huismus (blz. 58)

Roek (blz. 92)

Merel (blz. 74)

Boerenzwaluw (blz. 63)

Kauw (blz. 90)

Spreeuw (blz. 82)

## Typische vogels aan het water

Kleine karekiet (blz. 12)

Blauwborst (blz. 35)

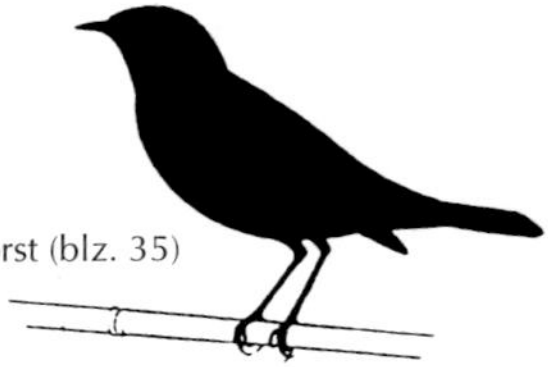

Grote gele kwikstaart (blz. 65)

Waterspreeuw (blz. 76)